CHAPITRE 1

LE FOU DE NATURE

– Charly ! Charly ! Rentre, il fait bientôt nuit !

Devant la grande maison de Shrewsbury*, en ce printemps 1822, Caroline se dresse sur la pointe des pieds et tente d'apercevoir son petit frère dans le parc. En vain.

Au salon, elle retrouve Susan et Marianne :

– Il ne répond pas.

** Shrewsbury est une ville d'Angleterre, située près du Pays de Galles.*

– Depuis le décès de Mère, Charles est imprévisible, commente Marianne tout en servant le thé.

Caroline soupire :

– Pourtant nous l'entourons de toute notre affection. Père le gronde parfois, mais il est toujours juste. Quand Erasmus n'est pas au collège, il joue avec Charles. Quant à nous...

– Nous sommes des grandes sœurs modèles, lance Susan, en mimant une révérence pour faire rire ses sœurs.

En entendant l'appel de sa sœur, Charles s'est couché dans l'herbe avec sa chienne Polly pour ne pas être vu :

– Caroline est gentille, mais j'ai mieux à faire que de prendre le thé.

L'alerte passée, il se rassoit et reprend sa tâche. D'une main il trempe son pinceau dans un encrier, de l'autre il saisit un escargot dans son panier. Il dessine le chiffre 8 sur la carapace du gastéropode. Sa langue dépasse au coin de sa bouche, signe de son application. Polly l'imite...

– Voilà, nos champions sont prêts !

Avec un bâton, Charles creuse un trait sur l'allée de terre et y aligne huit escargots aux coquilles numérotées.

– Prêts ? Partez !

De part et d'autre de l'allée, l'enfant et le chien se couchent à plat ventre pour suivre la course. « Comment ces mollusques construisent-ils leurs coquilles ? Et pourquoi laissent-ils de la bave derrière eux ? » s'interroge Charles.

Une heure plus tard, il est réveillé par Polly qui lui donne des coups de museau. Dans l'obscurité, il cherche les huit champions, mais ces derniers se sont évanouis dans la nature.

Le retour de Charles ne passe pas inaperçu.

– Où étais-tu caché ? demande Caroline.

– Mais tu es couvert de terre ! s'exclame Marianne

Pour échapper à ses sœurs, Charles court à travers le salon et heurte un guéridon. Patatras ! Un grand vase de porcelaine bleue explose sur le sol carrelé.

– Le vase de Grand-père ! gémit Susan.

Même Polly émet un jappement réprobateur.

Charles se sauve dans sa chambre en refusant de penser aux conséquences de sa maladresse.

Durant le dîner, l'imposant M. Darwin a sa tête des mauvais jours. Quand la servante a servi la soupe et quitté la salle à manger, son courroux éclate :

– Charles, la semaine dernière, tu as volé des pommes et risqué de te rompre le cou en montant sur un mur. Aujourd'hui, tu brises un précieux vase de ton grand-père Wedgwood ! Toute l'année, ton maître d'école s'est plaint de tes piètres résultats. Si tu continues ainsi, tu feras ton malheur et celui de ta famille !

Le nez dans son assiette, Charles tente de se défendre :

(suite page 11)

LA GRANDE-BRETAGNE AU XIXe SIÈCLE

La première puissance mondiale

Durant le XIXe siècle, la Grande-Bretagne devient un empire. Son armée et sa marine sont les plus fortes du monde. Son industrie en pleine croissance lui permet d'exporter un quart de sa production et d'affirmer la force de son commerce. Son influence s'étend sur l'Afrique, l'Asie, le Canada, l'Australie…

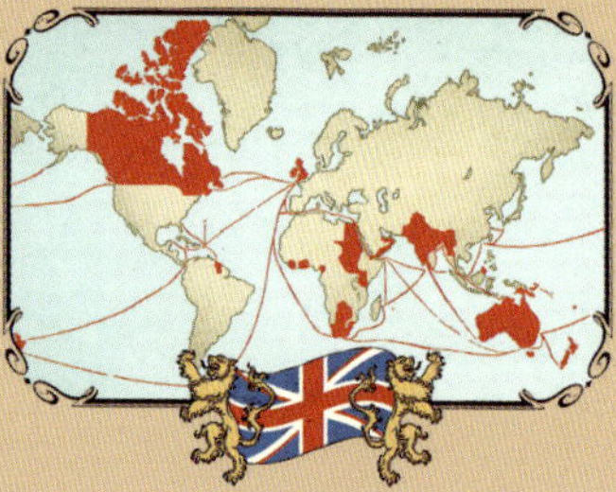

La reine Victoria

En 1837, elle monte sur le trône britannique à l'âge de 18 ans et va régner 64 ans. Sous son règne, Londres devient la principale métropole du monde, avec 2,5 millions d'habitants. Cette reine marque tant son temps qu'elle donne son nom au XIXe siècle : on parle d'époque « victorienne ». Très pieuse, Victoria incarne une Angleterre puritaine où la religion anglicane est omniprésente.

La révolution industrielle

C'est en Grande-Bretagne que sont inventées la machine à vapeur et la locomotive. La première révolutionne le travail en usine, la seconde le monde des transports. L'industrie textile est florissante, les mines et les hauts fourneaux marchent à plein régime. Les grands bourgeois font fortune, mais les ouvriers travaillent dans des conditions terribles. Des révoltes permettent l'obligation du repos hebdomadaire et la limitation du travail des enfants.

Les guerres coloniales

Durant le XIXe siècle, l'empire britannique fait la guerre pour conquérir de nouveaux territoires ou mater des révoltes dans des pays déjà occupés : en Chine (les guerres de l'opium), en Égypte (contrôle du canal de Suez), au Soudan, en Afrique du Sud (la guerre des Boers), en Inde (la révolte des Cipayes). En 1833, l'Angleterre abolit l'esclavage, mais elle continue à profiter des matières premières venant des colonies : coton, thé, cacao…

– Père, je n'aime que la nature et je m'ennuie à l'école...

– J'ai donc décidé que tu iras au pensionnat à la rentrée prochaine. Tu y recevras une éducation classique qui fera de toi un parfait gentleman.

Dans son lit, Charles essaie d'imaginer sa vie en pension. Un grattement à la porte et des petits pas sur le tapis annoncent l'entrée de Catty, sa petite sœur, accompagnée de Polly.

– D'habitude, Polly dort avec moi. Mais j'ai pensé que tu serais content de l'avoir avec toi.

– C'est gentil, Catty.

– Dis, Charles, tu me montres encore ta collection de cailloux ?

Le garçon soupire :

– Pas des cailloux, Catty, des fossiles !

Il saute du lit, allume une bougie et entraîne sa petite sœur devant un grand tiroir en bois.

– Ces pierres contiennent des restes d'animaux ou de plantes qui ont vécu il y a longtemps. Je me demande quel âge elles ont.

– Ma préférée, c'est celle-ci, dit Catty en pointant un fossile d'escargot.

– C'est une ammonite. Tiens, je te la donne !

Catty embrasse son frère et repart en serrant précieusement le fossile dans le creux de la main.

CHAPITRE 2

UN COLLÉGIEN SURNOMMÉ GAZ

La craie du professeur de latin crisse sur le tableau.

– Les comparatifs se déclinent sur le modèle de la 3e déclinaison : *doctior, doctiorem, doctioris*…

Charles serre les dents, tant le bruit de la craie le hérisse. Son voisin John glisse une petite boîte vers lui :

– Hé, tu connais cette bestiole ?

Charles ouvre la boite sous son pupitre :

– Waouh ! Jamais vu un scarabée comme ça ! s'exclame-t-il.

Où l'as-tu trouvé ?

– Un gros arbre est tombé chez moi. La bête était dans la souche creuse.

Charles renifle l'insecte :

– Il a une odeur de prune. C'est peut-être un pique-prune, une espèce très rare…

Excédé, le professeur apostrophe Charles :

– Monsieur Darwin, pouvez-vous me répéter ce que je viens de dire ?

– Heu… *Doctus** ?

– Vous ne prenez pas la voie pour le devenir, savant… Darwin, prenez vos affaires et allez dans le bureau du directeur.

Une fois de plus, ce dernier voit entrer Charles dans son bureau.

– Qu'avez-vous fait cette fois-ci, Darwin ?

– J'admirais un coléoptère très rare…

– Vous êtes un *pococurante**, monsieur Darwin. Cela ne vous mènera nulle part !

Charles trouve ce reproche terrible parce qu'il ne comprend pas ce que cela veut dire. Il ne sait pas que, des années plus tard, cet amour du détail lui permettra d'échafauder la théorie qui le rendra célèbre.

Dans l'immense dortoir glacé, Charles entend ses voisins ronfler. Il rêve aux parties de pêche et de chasse qu'il fera aux prochaines vacances. Soudain, une main énergique le secoue.

– Hé, Charles, grouille-toi.

* *En latin,* doctus *veut dire savant, instruit.*

* Pococurante *: une personne qui ne s'intéresse qu'aux détails.*

Accroupi entre deux lits, son frère Erasmus lui fait signe de le suivre. Pieds nus, les deux garçons contournent le rideau entourant le lit du surveillant, descendent les trois étages, traversent les cuisines et se retrouvent dans le jardin.

Dans une cabane à outils, Erasmus allume une lampe à pétrole et sort de sa poche un cornet en papier journal.

– Du bicarbonate de soude ! précise l'adolescent, en faisant un clin d'œil. Le jardinier me l'a donné...

Dans une bouteille en verre, Erasmus verse des grains de riz et de poivre et un peu de bicarbonate. L'ajout de vinaigre déclenche une petite éruption qui projette les grains à travers la cabane. Ravi, Charles refait l'expérience, en bouchant la bouteille cette fois. L'explosion est bien plus forte.

– Ça doit ressembler à cela, l'éruption d'un volcan. Dis, Ras, tu crois qu'un jour, je verrai un volcan ?

– Si tu quittes l'Angleterre, pourquoi pas !

Les frères enchaînent les expériences, jusqu'à ce qu'une explosion plus forte que les autres brûle les sourcils et la frange de Charles. Cet accident lui vaut

(suite page 19)

DES SAVANTS CONTEMPORAINS DE DARWIN

Jean-Baptiste de Lamarck (1744-1829)

Ce zoologiste français établit la première classification des invertébrés. Il fonde une science qu'il nomme biologie. Reprenant des idées de Buffon, il publie une théorie de l'évolution des espèces, appelée « transformisme », dans laquelle il énonce : les espèces s'adaptent à leur milieu en modifiant leurs organes et en transmettant ces modifications à leur descendance. Cette idée sera précisée par la théorie de la sélection naturelle de Darwin et Wallace (voir p. 33).

Georges Cuvier

(1769-1832)

Cet autre zoologiste français étudie les squelettes du Muséum d'histoire naturelle de Paris. À partir de fossiles, il prouve l'existence d'espèces disparues. Mais il ne croit pas à une évolution des espèces et il combat les idées de Lamarck.

Charles Lyell

(1797-1875)

Dans *Principes de géologie*, ce géologue explique que la Terre s'est façonnée sur de très longues années, par des forces toujours existantes. Cette idée, déjà entrevue par Buffon et publiée par Lamarck, sera déterminante pour Darwin. Car une très longue durée est nécessaire pour la transformation des êtres vivants sur Terre. Lyell est un ami de Darwin et le soutient.

Richard Owen

(1804-1892)

Ce zoologiste britannique crée le Muséum d'histoire naturelle de Londres. C'est lui qui nomme les « dinosaures » dont les premiers fossiles venaient d'être découverts. Mais il s'oppose à Darwin et refuse l'idée d'évolution des espèces.

Gregor Mendel

(1822-1884)

Ce botaniste tchèque étudie les petits pois. En observant comment leur aspect (couleur, épaisseur de la peau) se transmet, il explique l'hérédité de certains caractères par ce qu'on nomme aujourd'hui les « gènes ». Il est l'un des pères de la génétique. Darwin aurait eu connaissance des travaux de Mendel, mais n'y a rien compris.

le surnom de Gaz, qui rime bien avec Ras, diminutif d'Erasmus.

Sept ans plus tard, Charles entre à l'université d'Édimbourg, en Écosse. Erasmus y achève ses études et se destine à devenir médecin, comme leur père. Mais Charles ne supporte pas la brutalité des cours de chirurgie. Il s'enfuit de l'hôpital en se bouchant les oreilles pour ne pas entendre les cris* d'un enfant qu'on opère.

Erasmus, à qui il raconte cette expérience, lui dit :

– Tu es trop sensible pour faire ce métier.

– C'est dégoûtant ! Si encore je pouvais apprendre sur des êtres inanimés, gémit Charles.

– Tu me donnes une idée ! Viens, je vais te présenter quelqu'un.

Au 37 Lothian Street, Erasmus pousse la porte d'un magasin. Sur l'enseigne, on peut lire : *Taxidermie*. À l'intérieur, des têtes de cerfs ou de sangliers sont accrochées sur les murs. Un couple de grouses**

* *L'anesthésie n'existe pas à l'époque.*

** *Oiseaux qui abondent en Écosse.*

naturalisées attire Charles, qui admire leur plumage roux.

– Vous aimez chasser, jeune homme ?

Surgi du fond du magasin, un vieil homme noir s'est approché. Erasmus lui serre la main et le présente :

– Charles, voici John Edmonstone. Il enseigne la taxidermie aux étudiants d'Édimbourg.

À partir de ce jour, Charles prend des leçons auprès de cet ancien esclave, né en Amérique du Sud.

John transmet bien des choses à Charles : son art d'empailler les oiseaux, sa haine de l'esclavagisme et sa passion pour la forêt tropicale. Grâce à lui, Charles rêve de découvrir l'Amazonie. « Boa émeraude, tamarin lion, quetzal, ocelot... Est-ce qu'un jour, je verrai ces espèces ailleurs que dans des livres ? » s'interroge Charles.

CHAPITRE 3

LE PHILOSOPHE

Pour faire plaisir à son père, Charles s'inscrit au Christ's College de l'université de Cambridge, pour devenir pasteur. Là encore, les études ne lui conviennent pas. Mais il assiste avec plaisir aux conférences de botanique données par le professeur John Henslow. Charles trouve enfin un maître qui s'intéresse à lui. Durant leurs longues promenades dans la campagne, Henslow encourage son élève :

– Charles, vous êtes un bon observateur. Retenez ceci : la science consiste à regrouper des faits pour en tirer des conclusions générales.

En août 1831, Charles reçoit un courrier de Henslow qui le fait bondir de joie : *« J'ai parlé de vous au capitaine FitzRoy, qui recherche un naturaliste. Son expédition scientifique est chargée d'établir les cartes de l'Amérique du Sud. »*

Le père de Charles s'oppose à son départ :

– C'est un projet déraisonnable qui nuirait à ta réputation de pasteur. Mais, si tu trouves un homme de bon sens qui te conseille d'y aller, j'y consentirai.

Après l'intervention de son oncle Jos, Charles obtient l'accord paternel. Et, le 27 décembre 1831, il embarque sur le *Beagle*. Ce voilier de la Marine royale mesure 27 mètres de long et accueille 64 personnes à son bord. À 22 ans, Charles croit partir pour un voyage de deux ans. L'aventure sera bien plus longue...

Un jeune officier barbu accueille le naturaliste :

– Je me présente : John Stokes, hydrographe*. Nous partagerons la même cabine.

Quand il en ouvre la porte, Charles est un peu surpris. La pièce fait à peine 3,50 mètres de large et on y tient debout en baissant la tête. De plus, une grande table pour les cartes nautiques occupe tout l'espace.

– Mais où sont les lits ? s'inquiète Charles.

En souriant, John désigne deux hamacs qui pendent sur la paroi :

– Durant la nuit, nous les accrocherons au-dessus de la table.

Charles s'habitue très bien à cet espace étroit. Il trouve même confortable de tout avoir sous la main pour travailler. Par contre, le mal de mer l'oblige souvent à rester allongé. Au début, son estomac ne supporte que les raisins secs.

Très vite, les marins apprécient sa bonne humeur et s'amusent à le voir monter dans les haubans pour

**Un hydrographe mesure les fonds marins, les courants et les marées.*

attraper les insectes égarés au large. Les officiers, qui estiment sa culture, l'ont surnommé le Philosophe, « Philo ».

Trois passagers intriguent Charles : un jeune homme et deux enfants à la peau rouge cuivrée. Lors d'un déjeuner que Charles a le privilège de prendre dans la cabine du capitaine Robert FitzRoy, ce dernier lui explique qui ils sont :

– Ce sont des Fuégiens. Nous les avons baptisés York Minster, Jemmy Button et Fuegia Basket pour la fillette.

Devant l'air perplexe de Charles, FitzRoy précise :

(suite page 27)

GRANDS VOYAGES SCIENTIFIQUES

Louis-Antoine de Bougainville

Il est le premier capitaine français à avoir fait le tour du monde de 1766 à 1769. Sur son bateau, *La Boudeuse*, il est accompagné d'un naturaliste, d'un cartographe et d'un astronome. Au Brésil, il collecte un arbuste à qui on donnera son nom : le bougainvillier.

James Cook

Ce capitaine anglais est passionné d'astronomie et de cartographie. Son terrain de jeu : l'océan Pacifique que les Européens connaissent très mal. Entre 1768 et 1779, il conduit trois expéditions qui lui permettent d'établir la première carte quasi complète du Pacifique. Il est tué lors d'une escale sur les îles Hawaï.

Jean-François de La Pérouse

En 1785, Louis XVI charge ce capitaine français de compléter les découvertes de James Cook dans le Pacifique. Avec *La Boussole* et *L'Astrolabe*, il explore les îles de Pâques, d'Hawaï, de Sakhaline... Ses vaisseaux disparaissent à Vanikoro, en 1788, dans un naufrage.

Alexandre de Humboldt

Ce naturaliste allemand parcourt l'Amérique latine, de 1799 à 1804. Il remonte les fleuves en pirogue, traverse les forêts vierges, escalade les plus hautes montagnes et rapporte de son périple de 15 000 km des tonnes de relevés et d'échantillons. Le récit de ses aventures fait rêver Darwin.

Le voyage du *Beagle*

Le bateau de Darwin a trois missions. Améliorer les cartes des côtes de l'Amérique du Sud. Relever les côtes de la Patagonie et de la Terre de Feu. Enfin, enregistrer les conditions météorologiques, les courants et les vents. La Grande-Bretagne cherche ainsi à identifier les meilleures routes et les meilleurs ports pour ses navires de commerce.

– Ces sauvages de la Terre de Feu* ont été embarqués lors de notre voyage précédent. Je les ai fait instruire en Angleterre. Et nous les ramenons chez eux pour qu'ils évangélisent** leur peuple.

Le 28 février 1832, le *Beagle* entre dans le port de Bahia. Depuis le pont, Charles est fasciné par le concert des insectes de la forêt brésilienne. Pendant quinze jours, il arpente cette jungle luxuriante, avec Syms, un des mousses du bateau. Il lui explique ce que John, l'ancien esclave, lui a appris :

– Il y a tant d'espèces animales ici que celles des cimes ne rencontrent jamais celles qui vivent au sol !

– Ces bestioles font un vacarme qui me rend fou, bougonne Syms. Et en plus elles piquent !

En voyant Charles qui poursuit son chemin à coups de machette, Syms se demande : « Comment ce jeune homme habitué au luxe supporte-t-il d'être dévoré par tous ces insectes ? »

** La Terre de Feu est la pointe sud de l'Amérique du Sud. Ses habitants, les Fuégiens, étaient considérés comme des « sauvages » par les Européens.*
*** Évangéliser, c'est convertir au christianisme.*

À chaque escale, Charles collecte des plantes, des animaux, des roches. Chaque spécimen est numéroté et noté dans un catalogue, avec le lieu et les circonstances de sa découverte. Charles a embauché Syms. Le mousse est chargé d'emballer soigneusement les insectes épinglés, les oiseaux empaillés... Un beau jour, FitzRoy explose :

– Je ne peux plus mettre un pied dans ma cabine, tant elle est encombrée par vos caisses de déchets !

– Des déchets, capitaine ?! Ces spécimens sont de la plus haute importance, proteste Charles. Je vais les envoyer en Angleterre à des spécialistes, qui les étudieront attentivement.

– Vous faites bien, Darwin, sinon je balance vos caisses par-dessus bord !

CHAPITRE 4

LES TRIBULATIONS D'UN NATURALISTE

Assis en tailleur près du feu de camp, Charles tient à deux mains la cuisse rôtie d'un oiseau et, affamé, mord dedans. « Pas mauvais, le nandou*. Si mes sœurs me voyaient manger avec les mains ! »

Depuis quelques semaines, Syms et le jeune naturaliste partagent la vie des *gauchos*, ces cavaliers qui conduisent d'immenses troupeaux à travers la

**Le nandou est un oiseau de la famille des autruches.*

Patagonie. Ils collectent des squelettes fossilisés qui les intriguent. En les mettant en caisse, Syms interroge Charles :

– On dirait la carapace d'un tatou, non ?

– Oui, mais elle mesure trois mètres de long alors qu'un tatou fait un mètre au maximum ! C'est peut-être une espèce ancienne qui a disparu aujourd'hui.

En son for intérieur, Charles pense : « Mais pourquoi a-t-elle disparu ? Les espèces ne seraient donc pas fixes ? »

Quand ils chargent leurs caisses sur le *Beagle* quelques jours plus tard, Charles se garde bien de faire part de ses réflexions à Robert FitzRoy. Très religieux, celui-ci est convaincu que les êtres vivants n'ont pas changé depuis que Dieu les a créés. Il n'est pas prêt à entendre les questions que se pose Darwin, qui remettent en cause cette croyance.

En novembre 1832, le navire atteint la Terre de Feu. Les habitants accueillent cette arrivée par des hurlements inquiétants. Marins et Fuégiens s'observent avec crainte et méfiance. Ces derniers vivent nus malgré le rude climat du lieu. La peau blanche et la barbe des Européens les font glousser. Les trois Fuégiens du bord ont oublié leur langue maternelle et semblent avoir honte de leur peuple. FitzRoy fait construire quelques maisons et y laisse York, Jemmy et Fuegia, qui ont pour mission d'éduquer leurs camarades.

Mais, quand le bateau repasse quelques mois plus tard, tout a été détruit. Les marins ne retrouvent que Jemmy, revenu à sa vie d'avant et accompagné d'une jeune femme. Après des échanges de cadeaux, peaux de loutre contre casseroles, Jemmy regagne la terre et allume un grand feu pour saluer le départ du *Beagle* vers le détroit de Magellan.

En juillet 1834, le navire aborde la côte du Chili, dans l'océan Pacifique. Au-dessus du port de Valparaiso, Charles fait une découverte :

– Regarde, Syms, il y a ici de grandes couches de coquillages, plusieurs mètres au-dessus du niveau de la mer. Cette côte a été soulevée !

Quelques mois plus tard, il assiste à l'éruption du volcan Osorno et au violent tremblement de terre qui s'ensuit. La catastrophe fait de nombreux morts mais elle permet à Charles de conforter son intuition : les montagnes sont issues de secousses terrestres successives.

Il entreprend l'ascension de la cordillère des Andes.

(suite page 34)

OBSERVATIONS ET THÉORIE DE DARWIN

Métier : naturaliste

Darwin a exercé son métier en voyageant puis en étudiant dans son cabinet. Dans la nature, il cueille des plantes, capture des animaux, collecte des pierres. Il numérote et classe tous les spécimens trouvés. En cabinet, il compare ses échantillons avec les espèces connues pour les classer dans une famille. S'il trouve une nouvelle espèce, il lui donne un nom.

Les pinsons des Galapagos

De retour des Galapagos, Darwin dessine treize espèces de pinsons de même taille. Mais il note des différences importantes dans la forme de leur bec. Il prend conscience que chaque espèce occupe une île différente et il établit un lien entre la végétation du lieu, la nourriture et la forme du bec de l'oiseau. Le bec fin de l'un permet de se nourrir de chair de cactus. Le gros bec d'un autre est adapté pour casser des graines dures.

La théorie de Darwin

• **Dans chaque espèce, il existe des variations** (couleur, forme, taille). Les descendants des mêmes parents ne sont pas identiques.

• Toute espèce a la capacité d'être modifiée. Les jardiniers créent de nouvelles espèces de plantes en croisant des variétés entre elles. Les éleveurs modifient des chevaux, des chiens en choisissant à chaque génération les individus qu'ils vont faire se reproduire…

• Les espèces survivent tant qu'elles trouvent de quoi manger et des conditions de vie suffisantes. Elles se reproduisent bien plus que nécessaire pour remplacer la génération des parents. **La sélection naturelle limite cette croissance**, en éliminant les êtres vivants incapables de survivre et se reproduire.

• Les espèces adaptées survivent, les autres disparaissent ou se transforment. Cette évolution est permanente.

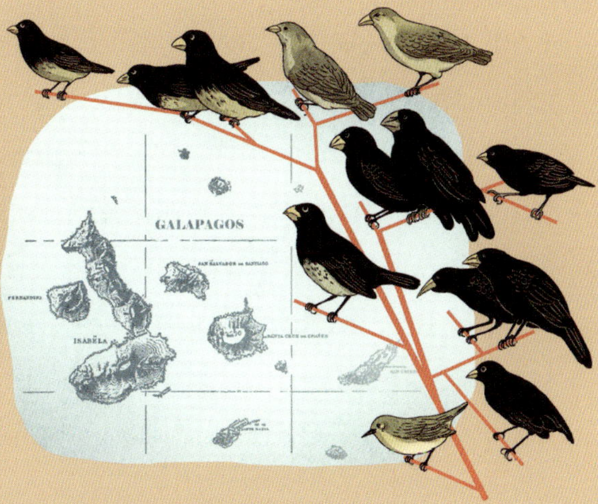

Dans un vent glacial, il atteint des sommets enneigés, à 4 000 mètres d'altitude. Là encore, il découvre des coquillages fossiles : « Ces rochers étaient donc sous la mer avant, se dit-il. La Terre doit bouger depuis des millions d'années ! »

Cela fait bientôt quatre ans que le *Beagle* a quitté l'Angleterre. En septembre 1835, il fait route vers un archipel volcanique situé au niveau de l'Équateur : les îles Galapagos.

– Hé, les gars, regardez ! hurle Charles. J'y arrive !

Debout sur la carapace de la tortue, le jeune homme écarte les bras pour maintenir son équilibre. Mais il tombe vite au sol, ce qui fait bien rire les marins, plus agiles que lui. Un peu vexé, Charles reprend son cahier et dessine cette immense tortue que six hommes tentent de soulever sans succès. L'animal peut peser jusqu'à 300 kilos.

Dans une chaleur étouffante, le naturaliste dessine les différentes tortues qu'il rencontre. Il note que leurs écailles sont différentes selon l'île où il se trouve.

En un mois, Charles repère 193 espèces végétales, 26 espèces d'oiseaux terrestres, 17 espèces de coquillages, 15 poissons de mer différents... Ces espèces peuvent vivre sur une île des Galapagos mais pas sur les autres. Ces observations l'amèneront à penser que les espèces évoluent en s'adaptant à leur milieu*.

**Voir "Les pinsons des Galapagos", page 33.*

CHAPITRE 5

LE MYSTÈRE DES MYSTÈRES

4 octobre 1836. Sous la pluie fine de l'Angleterre, une jeune fille voit approcher la diligence. Un jeune homme en descend qu'elle peine à reconnaitre. Cinq ans qu'ils ne sont pas vus !

– Charly !

– Catty !

Le frère et la sœur s'étreignent puis prennent le chemin de la maison, où leur père et leurs sœurs les accueillent joyeusement. Le docteur Darwin est enfin fier de son fils :

– Le professeur Henslow nous a fait part de la richesse du matériel que tu as collecté et de la précision de tes observations. Tu marches dans les pas de ton grand-père, Erasmus Darwin.

– Il me reste à écrire un ouvrage aussi novateur que le sien. Son *Zoonomia*, qui expose l'influence de l'environnement sur les êtres vivants, va m'inspirer.

Et Charles ajoute :

– Les faits que j'ai observés durant mon voyage me paraissent jeter quelques lumières sur l'origine des espèces, ce mystère entre les mystères.

Charles part très vite pour Londres, où il rencontre tous les experts chargés de classifier ce qu'il a envoyé durant son voyage. Il y a un spécialiste par espèce : plantes, poissons, coléoptères, champignons, oiseaux… Il rencontre son idole, Charles Lyell*, dont il a lu les *Principes de géologie* durant son voyage.

*Voir page 18.

Tout lui sourit. Il publie avec succès le journal de son périple, *Voyage d'un naturaliste autour du monde*. Une exposition, qui présente les squelettes reconstitués à partir des os fossiles découverts en Amérique du Sud, attire une foule énorme. Et, en 1839, il épouse sa cousine Emma. Le couple s'installe à la campagne, dans le Kent, à 25 kilomètres de Londres.

Charles y mène une vie très calme, partagée entre l'étude de ses échantillons et l'éducation de ses enfants. Emma et Charles auront dix enfants, mais trois mourront jeunes, au grand désespoir de leurs parents.

Dès son retour de voyage, Charles a l'intuition de ce qu'il va démontrer. Mais il faudra vingt ans de travail, de lectures et d'expériences pour mettre au clair sa théorie.

Il lit *Essai sur le principe de population* de Thomas Malthus. D'après cet auteur, les pauvres font plus d'enfants que les riches, ce qui augmente la proportion des pauvres et entraîne ces derniers vers la famine et la mort. Leur trop forte fécondité entraîne leur misère : c'est le principe de la sélection par la fécondité.

Charles s'intéresse aussi aux animaux domestiques.

Il fait des croisements entre des pigeons pour voir comment se transmettent leur couleur ou la forme de leur plumage. Il sait comment les éleveurs de chevaux de course font pour obtenir des animaux plus rapides : ils sélectionnent comme reproducteurs les parents qui ont les caractères souhaités.

Peu à peu son idée se précise : les espèces évoluent par sélection naturelle. Charles l'explique à Emma :

– Prenons l'exemple des girafes. Il y a très longtemps, les girafes avaient des cous de différentes longueurs. Les girafes à long cou pouvaient manger les feuilles des arbres...

– Elles avaient donc plus de chances de survivre, complète sa femme.

– Oui. Seules les girafes les mieux adaptées à leur milieu ont survécu. Et elles ont transmis à leurs descendants ce caractère utile : leur long cou, conclut Charles.

Charles ne se décide pas à publier sa théorie, car il a peur du scandale* qu'elle pourrait susciter. Mais en 1858

* *Voir page 47.*

il reçoit une lettre d'Alfred Wallace qui le bouleverse. Ce jeune botaniste est arrivé aux mêmes conclusions que lui et s'apprête à les publier. Effondré, Charles écrit à Lyell :

– Je me suis fait devancer.

Aussitôt, Lyell et deux autres amis de Charles, Hooker

et Huxley, trouvent la solution. Deux articles, l'un de Darwin, l'autre de Wallace, sont publiés en même temps, mais celui de Charles est présenté en premier. Puis, en quelques mois, Charles réécrit et condense sa théorie. Et enfin, en novembre 1859, paraît *L'origine des espèces au moyen de la sélection naturelle.*

Le succès est immédiat. Mais l'opposition éclate aussi. À Oxford, le public se bouscule pour assister à un débat sur le livre. Un évêque proclame :

– Darwin est l'homme le plus dangereux d'Angleterre ! Il nie que Dieu a créé la vie sur Terre.

Huxley défend Darwin :

– Il n'a jamais écrit cela. Il a démontré que la création n'a pas eu lieu en une seule fois. Et que les plantes et les animaux se transforment au fil du temps.

L'évêque ironise :

– Alors, monsieur Huxley, descendez-vous du singe par votre grand-père ou par votre grand-mère ?

– Je préfère être apparenté aux singes qu'à un homme aveuglé par ses préjugés !

BIBLE

Pourtant, peu à peu, les idées de Darwin font leur chemin. Et des scientifiques du monde entier acceptent sa théorie. En avril 1882, quand Charles meurt à l'âge de 73 ans, ses funérailles ont lieu à l'abbaye de Westminster, à Londres. Il y est enterré à côté des rois et des reines d'Angleterre.

LE LIVRE QUI FAIT SCANDALE

Quand Darwin publie *L'origine des espèces* en 1859, il est critiqué et insulté.

Pourquoi ?

Au XIXe siècle, la plupart des Européens sont chrétiens. Ils pensent que Dieu a créé tous les êtres vivants. Pour eux, les espèces n'évoluent pas. Et il y a une barrière entre les animaux et les hommes à qui Dieu a donné une âme. Or Darwin sous-entend que l'humain et les grands singes ont les mêmes ancêtres. En 1871, il consacrera un livre à ce sujet, *La filiation de l'homme*.

Origines de l'homme : danger !

Beaucoup de gens n'acceptent pas qu'on les compare à des singes. Darwin est considéré comme « l'homme le plus dangereux de la Terre ». Par ailleurs, l'idée que l'évolution n'est pas forcément un progrès mais seulement une meilleure adaptation des espèces à leur milieu choque aussi.

La génétique lui donne raison

Grâce à cette science, on sait que chaque individu est unique, que la génération des parents est différente de celle des enfants et de celle des petits-enfants. Darwin n'en avait pas la preuve, mais il avait observé la variété des êtres. Si tout le monde était pareil, tout le monde survivrait de la même manière et il n'y aurait pas d'évolution. La génétique nous apprend aussi que 98 % de nos gènes sont identiques à ceux du chimpanzé.

Et aujourd'hui ?

Certaines Églises ont accepté la théorie de l'évolution. Mais d'autres milieux ultrareligieux la remettent en cause. On les appelle les « créationnistes ». Aux États-Unis, en Europe et dans des pays musulmans, ils apprennent aux enfants que l'origine du monde est décrite avec précision dans les textes sacrés de leur religion. Et les preuves scientifiques de la vie sur Terre et de l'évolution des espèces depuis 3 milliards d'années ne sont pas enseignées.

De nombreuses caricatures représentent Darwin en singe pour se moquer de lui.

DANS LA MÊME COLLECTION